Pascal Goldmann

Liebe ist die größte Sünde

(ohne Geld-zurück-Garantie)

1

3. Auflage 2010

Titel der ersten Auflage 2009 „Gedichte eines Laien"

Nachdruck und Vervielfältigung, auch auszugsweise, nur mit
schriftlicher Genehmigung

Druck und Bindung Books on Demand GmbH
ISBN: 978-3-8391-3576-1

Gewidmet meinem Vater, der diese Veröffentlichung möglich machte, sowie meiner Mutter und meinem Stiefvater, die meine erste Schreibmaschine kauften.

Vorwort

Liebe Leser,

Haben Sie auch manchmal das Gefühl, nicht in diese Welt zu passen? Wenn ja, dann geht es Ihnen genau wie mir. Ich finde, ich hab in meinem Leben schon zu viel geredet. Zugehört hat keiner. Darum habe ich angefangen Gedichte zu schreiben.

Neulich kam ein Mädchen aus dem Heim zu mir und fragte, ob sie ein paar Gedichte lesen könne. Ich habe ihr ein paar gezeigt. Doch egal, was sie beim Lesen gedacht hat - ernst genommen hat sie es definitiv nicht. Das hat mich traurig gemacht.

Ich bitte Sie, liebe Leser - machen Sie es nicht wie dieses Mädchen. Auch wenn sehr viele Gedichte auf den ersten Blick keinen Sinn ergeben - keines davon ist aus Langeweile entstanden. Ich habe mir etwas dabei gedacht.

Bei diesem Buch geht es nicht darum, ob es gut ist oder nicht - das liegt wie so vieles im Auge des Betrachters. Vielmehr geht es mir darum, die Leute zum Nachdenken zu bewegen. Mit diesem Buch kann ich die Welt nicht verändern. Aber vielleicht kann ich dazu anregen, die Dinge etwas genauer in Augenschein zu nehmen.

Wenn Sie Fragen haben oder anderer Meinung sind oder generell etwas dazu sagen möchten, dann schreiben Sie mir (pascalgoldmann13@web.de).

Liebe ist die größte Sünde

(Allgemeines)

Wie weit sind wir bereit zu gehen
Um unseren Traumpartner zu sehen
Zu was sind wir fähig, um ihn zu berühren
Seinen gesamten Körper zu spüren?

Oder dort, ein kleines Kind
Ab ins Bett mit dir, geschwind
Dort gebe ich ihm noch einen Kuss
Und merke, dass ich davon mehr haben muss!

Nichts Böses ahnend macht es die Augen zu
Ich lass es schlafen in seliger Ruh´
Eine Weile, doch dann geht es nicht mehr
Denn ich liebe dieses Kind so sehr!
Ich nehm es in den Arm und berühr es mal
Zufällig nur am Genital!

Liebe ist die größte Sünde
Bitte vergesst das nie
Bedenkt, wie oft schon ein Kind der
Liebe wegen nach seiner Mutter schrie!

Zeit

(Allgemeines)

Wenn der Boden unter deinen Füßen brennt
Wenn dir die Zeit schleunigst wegrennt
Wir alle müssen der Zeit hinterher hetzen
Sie zerreißt uns nach und nach in tausend Fetzen!

Denn wir haben nie für etwas Zeit
Denn der Weg ist verdammt weit
Wir müssen immer weiter eilen
Und dürfen niemals stehen bleiben!

Das darf dir niemals passieren
Du darfst die Zeit nie aus den Augen verlieren
Denn wenn das passiert, bist du verloren
Dann musst du einsam und allein krepieren!

Und irgendwann ist es aus, dein Leben
Du hast darin wirklich alles gegeben
Doch manchmal auch zu viel
Hast nie gefragt, was dein Körper davon hält
Doch jetzt brauchst du darüber nicht mehr nachzudenken
Denn dafür ist es jetzt viel zu spät!

Dann schließt du deine Augen und legst dich zur Ruh´
Und dann deckst du dich mit einer Leichendecke zu!

Paranoia

(Allgemeines)

Sie wissen, wo wir sind
Sie haben uns unter Kontrolle
Unsere wahren Gedanken und Gefühle
Sind das einzige, was sie wollen!

Sie lesen jeden Brief
Und belauschen jedes Telefonat
Und jeder, der es leugnet, wird bemitleidet
Weil er davon nichts mitbekommen hat!

Refrain: Wir werden ständig überwacht
Jede Woche, jeden Monat, jedes Jahr
Jeden Tag und jede Nacht!

Was ist Privatsphäre, ich weiß es nicht mehr
Denn sie sind hinter meinen intimsten Gedanken hinterher!
Wir sind niemals mit uns allein
Denn sie wollen in unsere Köpfe hinein!

Refrain: Wir werden…

Freiheit ist ein Fremdwort für sie
Sie wissen über uns alle Bescheid
Doch die, die das durchschaut haben
Sind leider in der Minderheit!

 Wir werden ungeniert
Immer kontrolliert
Und hinter unserem Rücken
Hemmungslos ausspioniert!

Krieg- alles, was ihr wollt?

(Allgemeines)

Das einzige, was euch interessiert, ist Krieg
Unglück und Zerstörung - und ständig einen Sieg
Doch den könnt ihr nicht immer erringen
Und Tod und Gewalt können es doch nicht immer
bringen!

Überall riecht es nach Blut
Doch selbst, wenn sich die Erde rot
verfärbt, seid ihr noch nicht zufrieden
Ihr wollt unbedingt, dass tausende von Leichen am
Boden liegen!

Und letztendlich hat es doch nichts gebracht
Trauer, schrecken und Tod in einer kalten Nacht
Und erst zu spät bemerkt ihr: Ihr habt euch umsonst
umgebracht!

Dann schaut ihr euch entsetzt um
Lauter Trauernde; Die Toten werden beweint
Und es wird lange dauern, bis an diesem Ort
Des Grauens die Sonne wieder scheint!

Des Soldaten Aufgabe ist es, andere Menschen zu
erschießen
Sein Auftrag ist es, fremdes Blut zu vergießen
Seine Mission ist es, alles zu vernichten
Und dann ein neues großes Reich zu errichten!

Kapiert es doch mal endlich - **Bitte!**

(Persömliches)

Kapiert es doch einmal, ich möchte nichts
anderes

Als den Rest meiner Jugend sorgenfrei zu leben

Ohne ständig irgendwelchen Streß

Für Ruhe würde ich alles geben!

Ich will gefälligst nichts damit zu tun haben

Wenn ihr euch streiten wollt, dann tut dies bitte
allein

Ich werde es euch ein letztes Mal sagen

Zieht mich nicht ständig da mit hinein!

Ich bin verzweifelt, ich denke, ihr bekommt das
mit

Habt doch einfach mal Gnade mit mir

Ich halte mit eurem Streit einfach nicht mehr
Schritt

Ich will weg von diesem Stress hier!

Ich halte das Ganze einfach nicht mehr aus

Ich will aus dieser Scheiße einfach mal raus

Wenn ihr euch nicht einigen könnt, ist das nicht
mein Problem

Bis zum Waffenstillstand können noch
Jahrhunderte vergehen!

Liebe - nur eine Illusion?

(Persönliches)

Ich habe mir eine Theorie ausgedacht
Auch auf die Gefahr hin, dass ihr mich auslacht
Werde ich sie euch trotzdem verraten, nur damit ihr
informiert seid
Obwohl ich jetzt schon weiß: meine Theorie ist
Vergangenheit!

Hey, du, wusstest du schon
Liebe ist nur eine Illusion
Du denkst, dass du deinen Partner liebst, so wie er ist
Und dass du nicht nur auf seinen Körper aus bist!

Doch wenn so manch ein Mann einmal nachdenkt
Will er von seiner Partnerin doch nur ein Kind geschenkt
So manch einer bekommt von Körperkontakt nie genug
Und der Rest, von wegen große Liebe und so, ist nur Lug
und Trug!

Verlass mich nicht!

(Persönliches)

Meine Welt voller Hass und Wut

Beweist, dass mir das Heim nicht gut tut

War ich früher mit mir im Reinen

Fange ich heute jeden Abend an zu weinen!

Bitte- bitte, verlass mich nich´

Bitte lass mich nicht im Stich

Bitte- lass mich niemals allein

Ich wollte doch nur glücklich sein!

Refrain: Bitte verlass mich nicht

Wer immer du auch bist!

Ich glaube nicht an Wunder

Und nicht an die Liebe

Ich glaube nur an Schrecken

Und an Hassgefühle!

Und trotzdem sehne ich mich

Immer mehr nach Zärtlichkeit

Wenn du mich in den Arm nimmst, fühle ich mich

Für eine Sekunde in Sicherheit!

Doch lässt du mich dann wieder los

Fühle ich mich wieder erbärmlich und klein

Und dann stelle ich den Glauben

An das Aktzeptiertwerden wieder ein!

Du glaubst, ich lauf Amok? Dann glaubst du völlig falsch

Du bekommst meine Äußerungen in den völlig falschen Hals!

Kindheit eines Pädophilen

(Allgemein)

Abends im Bett

Alles ist still

Und nur Gott weiß

Was ich so will!

Ich stehe auf und schleiche

Mich ans Nachbarbett

Der Junge ist fast ganz entkleidet

Der Anblick ist wahrlich nett!

Ich lege meine Finger um seinen Hals

Würde er etwas verraten - das wär falsch

Meine Hand gleitet an sein Genital

Ich will, dass du´s mir gibst - oral!

Jetzt bin ich richtig geil drauf

Sei leise und mach die Schnauze auf

Was du fühlst, ist mir ganz egal

Und jetzt hol mir einen runter - noch einmal!

Deine Tränen in den Augen

Sie rühren mich nicht

Du kannst doch nicht wirklich glauben

Dass ich deshalb auf dich verzicht´?

„Jetzt gleich ist´s vollbracht!"

So der Täter lacht

Doch morgen ist auch noch eine Nacht!

Und der Junge schluchzt und weint

Die ganze Nacht, Stunden um Stunden

Für ihn die Sonne wohl nie wieder scheint

Sein Körper ist übersät von Wunden!

Schwesterlein

(Allgemeines)

Ich habe drei Geschwisterlein

Ich sollte nie ganz einsam sein

Die eine ist jung und doch schon versaut

Und sie ist, sie ist so gut gebaut!

Meine Augen durchbohren sie

Mein Blick fällt auf ihr Knie

Sie hat so weiche, junge Haut

Schade, dass sie sich nicht traut!

Ich muss sie wohl dazu bewegen

Sich mit mir ins Bett zu legen

Ich berühre sanft ihren warmen Bauch

Süßes Schwesterlein, du willst es doch auch!

Ich lege mich langsam auf ihr Fleisch

Und hör nicht hin auf ihr Gekreisch

Mit meinen Händen schließe ich ihren Mund

Leise! Zum Schreien gibt´s doch keinen Grund!

Spürst du, Schwesterlein, wie es uns verbindet

Spürst du, wie wir zusammengehören

Ich spüre, wie sie sich unter mir windet

Doch ich weiß, niemand wird uns stören!

Schwesterlein packt meine Hand

„Hör auf, Brüderlein, wir sind verwand!"

Ich sage: „Ob verwand oder nicht

Es ist die Lust, die in mir sticht

Kommt die Vernunft auch auf Flügeln

Ich kann meinen Trieb nicht zügeln!"

Ich weiß nicht, was die Leute haben

Das ist doch meine kleine Schwester

Was ist denn daran so schlimm

Man wird ja wohl noch seine eigene Schwester
lieben dürfen?!

Entdeckerdrang

Persönliches

Unentdeckte Wälder, unbekanntes Land
Will spüren, wofür ich schon früher Sehnsucht empfand
Lauter neue Formen, noch nie gesehene Flächen
Würden mir sofort in Hand und Auge stechen!

Braunes, schwarzes oder gar weißes Gras
Oh, wie sehr interessiert mich das
Ich will unbekanntes entdecken
Meinen Spaten ins Neuland stecken
Blaue und rote Flüsse
Bestellt den andern schöne Grüße
Vom unentdeckten Land!

Was für eine schöne Gegend
Es rührt mich, ich find´s bewegend
Die Flächen führen tief ins Tal
Auch da will ich hin, irgendwann einmal!

Endlich habe ich mein Ziel erreicht
Die Zeit nur noch langsam verstreicht
Ich kann´s nicht fassen, ich hab´s geschafft
Aus eigenem Antrieb und aus eigener Kraft!

Lass mich...

(Persönliches)

Lass mich deine reine Haut berühren

Lass mich, lass mich öffnen deine Türen

Zu deinem innersten Wesen

Lass mich deine Gedanken lesen!

Jaaaaa!

Lass mich deinen Geist berühren

Lass mich deine Wärme spüren

Lass mich dir in die Augen schauen

Kann ich, kann ich dir vertrauen?

Refrain: Rede mit mir, nimm mich in den Arm

Berühre mich und halt mich warm

Wer bist du, ich will es wissen

Bitte, bitte, bitte, bitte

Bitte, lass dich bitte küssen!

Lass mich, lass mich dich betrachten

Lass mich, lass mich bei dir übernachten

Lass mich, lass mich ganz nah bei dir sein

Lass mich, lass mich bitte nicht allein!

Neeeeeiiiiinn!

Refrain: Berühre mich, ignoriere mich nicht

Rede mit mir, bitte akzeptiere mich

Ich flehe dich an,

Mich in den Arm zu nehmen und Trost zu spenden

Halt mich fest, halt mich fest mit deinen sanften Händen!

Bitte, bitte, bitte, bitte

Kükükükükükükü- Küss mich!

Schlimme Typen

(Niveauloses)

Viele Jugendliche beschimpfen mich

Bezeichnen mich als Zecke und widerlich

Nur weil ich ein Punker bin

Das ist einfach nur Quatsch, das hat keinen Sinn

Ich sprech jetzt mal dich an, ..., ganz direkt

Ich frage mich, wann du es checkst

Bis jetzt hast du keine Ahnung, was Punk- sein überhaupt ist

Und ehe du es kapierst, bleibst du eher Rassist!

Von dir, ..., kann ich kaum was behaupten

Doch dass du ein kleiner Faschist bist, würde ich glatt glauben

Als Nazi will ich dich nicht einstufen

Doch als kleinen Rassisten werde ich dich rufen!

Revolution

(Allgemeines)

Ich verlange - Revolution!

Ich verlange - Gerechten
Lohn!

Ich verlange - Revolution!

Schluss mit der ewigen
Manipulation!

Ich verlange eine bessere
Welt - Revolution!

Ich will machen, was mir
gefällt - Revolution!

Kommt, Leute, lasst uns
rebellieren - Revolution!

Wir haben nichts mehr zu
verlieren - Revolution!

Ich verlange Revolte -
Revolution!

Aufgebrachte Meute -
Revolution!

Ich scheiß auf Erzieher und
Politiker - Revolution!

Ihr Wort zählt schon lange
nicht mehr - Revolution!

Hört her, Rebellen, sie
wartet schon!!!!

Es wird mal wieder Zeit für
eine Revolution!!!!

Sucht

(allgemeines)

Ich weiß nicht, was ich machen soll
Ich weiß nicht mehr wohin
Doch reden kann ich drüber nicht
Drum greife ich zum Heroin!

Heroin, Kokain, - der Welt aller Drogen
Sie alle führen mich ganz weit nach oben
Doch nur für kurze Zeit,
Denn danach führen sie mich
In unendlich großes Leid!

In meiner Sucht
Auf meiner Flucht
Vor dieser Welt
Ist Heroin der einzige Freund
Der zu mir hält!

Heroin, Kokain, - alle Drogen dieser Welt
Sie sind das einzige, was für mich zählt
Für sie bin ich bereit, alles zu tun
Meine Sucht nach ihnen lässt mich nicht ruh'n!

Meine Persönlichkeit

Niveauloses

Ich scheiß auf euch Erzieher, ich scheiß auf die ganze Bande
Ich habe keinen Herrn in diesem Lande
Es wird nie jemanden geben, der mir sagt, was ich mache
Alles, was ich mache, ist ganz allein meine Sache!

Ich lass mir nichts sagen, ich lass mir nichts befehlen
Ihr wollt doch nur meine ganze Persönlichkeit stehlen
Das Allein-sein-wollen, das Rückziehen, der Alleingänger
Das sind Sachen, die kennzeichnen mich
Und wer das nicht kapiert und auch nicht aktzeptiert
Den respektiere ich auch nich´!

Ich hasse eure verdammte Manipulation
Eine ganze Weile geht das jetzt schon
Seitdem ich hier bin, versucht ihr mich zu verändern, zu
manipulieren
Doch letzten Endes seid ihr es dann, die diesen Kampf
verlieren!

Denn ich wehre mich dagegen, denn ich will nicht anders
werden
Und irgendwann werdet ihr es auch bemerken
Doch bis dahin probiert ihr es weiter, bis zu den gemeinsten
Mitteln hin
Doch ich bleibe standhaft, denn ich bin und bleibe, wie ich bin!

Teil von mir

Allgemeines

Ich fange an mich zu ritzen
Die kalten Messerspitzen
Dringen durch meine Haut
Ich leide, ich leide ohne Laut!

Die Haut reißt auf, Blut tritt hervor
Ich schaue fasziniert darauf
Ich streue Salz auf meine Wunden
Und schreie, und schreie leise auf!

Ein paar Tage später
Die Wunden sind verheilt
Dünne, rote Striche
Das ist alles, was mir bleibt!

Meine nackte Haut auf den Armen
Ist überfüllt, ist überfüllt von Narben!
Denn - das ist ein Teil von mir
Diese schönen Narben hier
Sind ein Teil von mir!

28

Als nächstes dran sind meine Beine

Mit dem Messer schneide ich sie auf

Mir kommen die Tränen, ich weine

Und streue auch hier etwas Salz darauf!

Denn - Das ist ein Teil von mir

Diese schönen Schmerzen hier

Waren schon immer Teil von mir!

Ich brauche Schmerzen, um mich zu fühlen

Um meine Existenz noch zu spüren

Ich brauche Narben, um mich nicht zu vergessen

Ja, ich bin auf meine Schmerzen versessen

Es wird mir einfach nie zu viel

Denn Schmerz ist das einzige realistische Gefühl!

Denn sie sind ein Teil von mir!

Was wollt ihr machen?

Niveauloses

Viele Erzieher schimpfen mit mir

Ich sei in letzter Zeit viel zu arrogant

Ich sage, ich wär lieber in der Psyche als hier

Und das ist noch charmant

Gesagt

Daraufhin sehen mich die Erzieher entsetzt an

Und sagen, dass das nicht so weitergehen kann

Sie fragen, was ich glaube, wer ich bin

Dass ich so mit ihnen rede

Und ich soll aufpassen,

Dass ich nicht abhebe

Und mich nicht so weit

Aus dem Fenster lehne!

Doch ich will nichts dazu sagen

Ihre Anwesenheit schlägt mir auf den Magen

Deshalb versuche ich, Abstand zu halten

Um endlich mal abzuschalten

Ich könnte auch einfach aufgeben

Und versuchen, mit diesen Menschen zu leben

Die Erzieher bekämen ihren Willen

Und vielleicht könnte ich dann auch mal chillen

Doch ich wage zu bezweifeln, dass das so einfach geht

Da der Erzieher an sich nichts versteht

Er kann nicht begreifen und nicht verstehen

Und dadurch meine Probleme nicht sehen

Und deshalb frage ich:

Was wollt ihr machen???

Ich kann über euch nur lachen!!!

Ihr seid nichts weiter als ausgemachte Affen!!!

Heil Petri

(Allgemeines)

Ein kleines Holzboot schwimmt aufs Meer hinaus
Das Wasser schlägt an die nassen Bretter
Es wird dunkel, ein Sturm zieht auf
Es ist wahrlich schlechtes Wetter!

Es entstehen riesige Wellen
Die Fischer fürchten, am Riff zu zerschellen
Und trotzdem suchen sie weiter Beute
Sie haben immer etwas heimgebracht
Und sie wollen es auch heute!

Schwarzes Boot, rotes Blut, weißer Schaum
Ist für die Fischer nur noch ein Traum
Der aber schnell Wirklichkeit werden kann
Die Fischer setzen alles daran!

Heil Petri
Petri Heil!

Bald sind sie wieder zurück an Land
Nehmen einen Fisch nach dem anderen in die Hand
Die Fische werden erbarmungslos aufgeschnitten
Da hilft kein Flehen und kein Bitten!

Heil Petri
Petri Heil!

Missbrauch

(Allgemeines)

Das kleine Mädchen ist völlig wehrlos

Sobald sich der Vater auf sie wirft

Und ihre Zukunft ist aller Wahrscheinlichkeit nach

Danach vollkommen zerstört!

Das Mädchen betet dann jeden Abend

Doch sie wird nie erhört

Und der Vater macht immer weiter

Diese Menschen sind total gestört!

Die Fantasien dieser Männer sind so krank

Ich möchte nicht daran denken

Und sie machen oft nicht Halt davor

Ihrer Tochter ein Kind zu schenken!

Das Mädchen erleidet großen seelischen Schaden

Doch das macht den Tätern überhaupt nichts aus

Und sind diese Mädchen dann nicht mehr zu
gebrauchen

Schmeißt der Vater sie einfach raus!

Dieses Trauma lässt sich nicht mehr so schnell
beheben

Und es ist schwer, mit so etwas immer weiter zu
leben!

Gefangen

(Persönliches)

Ich fühle mich gefangen

Ich fühle mich so leer

Als die Erzieher mich zwangen

Zum Abendmalverzehr!

Ich soll jeden Abend essen

Und immer am Tisch sein

Das werde ich ihnen nie vergessen

Vor Trauer könnt ich schreien!

Es ist für mich so eine Qual

Doch was habe ich schon für eine Wahl

Mein Ausgang ist schon längst gesperrt

Und von einer gestrichenen Heimfahrt

Bin ich nicht mehr weit entfernt!

Sie zwingen mich zu dies, sie zwingen mich zu das

Sie zwingen mich zu allem- Hauptsache, es macht mir keinen Spaß!

Sie wissen ganz genau, wo meine Schwachstelle liegt

Und ich hoffe vergebens, dass ihre Grausamkeit versiegt!

Ich fühle mich benommen

Mir wird so schwer ums Herz

Und keiner von diesen Möchtegern-Erziehern bekommt

Etwas mit von diesem Schmerz!

Nichts ist für immer

(Allgemeines)

Jede Freundschaft, jede Liebe

Alles wird vorrübergehen

Egal, was man auch versucht

Nichts bleibt für immer stehen!

Lebe den Tag, als wär´s dein Letzter

Das hat man mir oft gesagt

Doch hat das Leben überhaupt Sinn

Das hab ich mich oft gefragt!

Wir leben, um zu sterben

Das muss uns allen klar sein

Egal, was wir später auch werden

Am Ende sind wir immer allein!

Die Zeit heilt alle Wunden, doch was

Wenn keine Zeit mehr bleibt

Wenn der Mensch einsam und verlassen

Dem Tod in die Arme eilt?

Die Welt als Illusion

Manchmal glaube ich fast daran

Wenn ich allein bin und nachdenke

Dann fühlt sich alles so unecht an!

Und wenn dann schließlich am Ende

Der Tod vor der Tür steht

Dann stehen wir da mit leeren Händen

Dann merken wir, was fehlt!

Der Sinn

Schmerzen

(Persönliches)

Sie gehen zusammen in ihr Zimmer
Und schließen vor mir die Tür
Mein Neid wird immer schlimmer
Und ich hasse mich selbst dafür!
Ich versuche, meine Eifersucht
auszumerzen
Ja, das sind, das sind Schmerzen!
Schmerzen!

Sie beide zusammen lachen
Alles gemeinsam machen
Sie lachen fröhlich und sie scherzen
Ja, das sind, das sind Schmerzen!
Schmerzen!

Sie sind zusammen oft zu sehen
Wo der Eine hin will, da wird auch der
Andere hin gehen
Sie treffen mich an meinem Herzen
Ja, das sind, das sind Schmerzen!
Schmerzen!

Tiefe Traurigkeit

(Persönliches)

Jetzt ist sie wieder da, diese tiefe Traurigkeit

Wie sie mich so oft ganz plötzlich erfasst

Sie zeigt mir, egal zu welcher Tageszeit

Meine schwere Last

Die ich mit mir herumtrage

Mit der ich mich so oft plage

Und gegen die ich nichts unternehme

Sondern einfach immer weiter lebe!

Eine Zeit der Verzweiflung

All meine Probleme kann ich ganz deutlich sehen

Da kann mir doch echt jede gute Laune

Und jede Lust am Leben vergehen!

All das ist wirklich nicht sehr entzückend

Es ist wirklich sehr bedrückend

Ich merke, wie ich vor Kummer zerschmelze und zerfließe

Und wie ich meine Seele am liebsten dem Satan überließe!

Rote Katze

(Allgemeines)

Ich sitze auf einer Bank und warte drauf
Dass irgendwann irgendetwas geschieht
Da höre ich auf einmal einen Laut
Jetzt ratet mal, was man da sieht?

So etwas habe ich noch nie gesehen
Ich seh´ vor mir eine rote Katze stehen
Mit großen Augen sieht sie mich fragend an
Als ob sie wissen will, ob ich etwas mit ihr anfangen kann!

Ich gehe einen Schritt auf sie zu
Die rote Katze sofort zurückweicht
Ich hätte ihr nicht folgen sollen
Sie entwischte mir nur allzu leicht!

Später auf dem Heimweg
Sah ich sie wieder dann
Sie hatte sich auf einen Baum gelegt
Und starrte jeden Passanten an!

Ich hab versucht, sie hinunter zu locken
Es war nutzlos, sie schien zu bocken
Irgendwann schien es ihr zu viel gewesen zu sein
Sprang von einem Baum zum andern und ließ mich allein!

Eines anderen Tages saß ich im Garten
Und spürte plötzlich ihren Blick
Sie beobachtete mich, schien zu warten
Doch ich beachtete sie nicht!

So saß ich im Stuhl und hab
So vor mich hingedacht
Ihr hinterherzulaufen, hätte
Am Ende ja doch nichts gebracht!

Auf einmal kitzelte es an meinen Füßen
Ich fuhr zusammen und sah mich um
Nun, die rote Katze, sie ließ grüßen
Sie schlich um meine Beine herum!

Unglück

(Persönliches)

Hast du eine Ahnung, wie es ist?

Wenn du auf einmal todunglücklich bist?

Kennst du auch diese gähnende Leere?

Sie ist größer als alle Weltmeere!

Hast du sowas auch schon mal erlebt?

Spürst du auch manchmal, wie der Todesengel
über dir schwebt?

Denkst du auch manchmal, hat es überhaupt
noch Sinn?

Wo führt uns das Leben letztendlich hin?

Welche Richtung müssen wir einschlagen

Welche Entscheidungen müssen wir wagen

Damit es noch ein halbwegs vernünftiges Leben wird

Wie können wir verhindern, dass das Schicksal unser Leben zerstört?

Eine Antwort darauf fällt mir sehr schwer

Ich weiß, es ist noch nicht so lange her

Da gab es als einzige Lösung nur ein einziges Wort

Und dieses Wort hieß–

Selbstmord!!!!!

Widersprüche

(Persönliches)

Ich bin erfüllt von Hass
Und fühle mich doch so unbeschwert
Ich verachte ohne Unterlass
Und habe doch ein goldenes Herz!

Ich fühle mich gefangen
Und gleichzeitig so frei
Ich will meine Freiheit erlangen
Und habe sie doch stets in mir dabei!

Ich habe keine Freunde
Ich sage, dass ich davon nur träume
Ich sage, das ist doch einerlei
Und trotzdem wünsche ich mir Freunde herbei!

Ich halte nichts von Freundschaft
Und halte nichts von Liebe
Und trotzdem möchte ich in den Armen
Einer Freundin liegen!

Besseres

(Allgemeines)

Ich bin kein Vegetarier
Doch auch Tierfleisch rühr ich nicht an
Wozu auch sinnlos Tiere töten
Wenn man etwas viel Besseres haben kann!

Ich habe ihn aufgeschnitten
Er ist eine wahre Delikatesse
Ich lass mich nicht lange bitten
Als er mich anfleht, ihn endlich aufzuessen!

Vorsichtig schneide ich auf sein Fleisch
Ich habe seine Innereien entdeckt
Ich höre nicht hin auf sein Gekreisch
Ich könnt` ihn töten, aber wozu
Wenn er lebendig doch viel besser schmeckt!

Schon bald ist von ihm nichts mehr da
Nur noch abgenagte Knochen
Als ich raus ging, hat es stark
Nach Tod und Elend gerochen!

Verrückte

(Allgemeines)

Neulich fuhr ich mit dem Bus

Und sah einen geistesgestörten Mann

Und kam schon bald zum Schluss

Dass das nicht mehr so weitergehen kann!

Was hat solch ein armer Mensch

Denn so furchtbares gemacht

Das er kein Recht auf ein ruhiges

Und anständiges Leben hat?

Immer wenn ich diese Menschen sehe

Tun sie mir so furchtbar leid

Doch in dieser Welt ist kein Platz mehr für sie

Denn sie sind in der Minderheit!

Und ein jeder von ihnen wird sofort weggesperrt

In die Anstalt, in die Psyche, denn sie denken verkehrt!

Die Welt macht sich über sie lustig

Der Rest der Welt lacht sie ständig aus

Und wenn einer von ihnen stirbt

Macht sich niemand etwas daraus!

Es stimmt, sie sind anders als wir

Und es stimmt auch, sie sind verrückt

In der Tat sind sie anders als ihr

Doch vielleicht ist das ihr Glück!

Ungerecht

(Allgemeines)

Ungerechte Strafe, ungerechtes Leid
Völlig ungerecht zum Tod verurteilt
Er beteuerte seine Unschuld vor Gericht
Doch sie hörten, doch sie hörten ihn nicht!

Nun sitzt er in der Todeszelle und wartet drauf
Dass man ihn hole zum Galgen herauf
Für ein Verbrechen, dass er nie verübte
Und wofür er trotzdem sein Leben einbüßte!

Was habe ich denn getan
Fragt sich immer wieder der arme Mann
Ich habe Kinder, Frau und Hund
Warum nur gehe ich so elendig zu Grund?

Da öffnet sich langsam die Tür
Fast dankbar ist der Mann dafür
Die Einsamkeit hat nun ein Ende
So verlassen sie die kalten Betonwände!

Langsam steigt er die Treppe hinauf
Schaut noch einmal zur Decke auf
Er erkennt das Gesicht seiner Frau, sie lacht
Der arme Mann die Augen zumacht!

Er hört die Stimmen seiner Kinder
Wie sie im Schnee sich aalen im Winter
Sein Hund ihm fröhlich entgegen bellt
Als er sich schließlich an den Galgen stellt!

Eine Flut aus kaltem Schweiß
Ihm wird schwindelig, alles dreht sich im Kreis
„Was habe ich getan?"
Er immer wieder diese Frage stellt
Bis er schließlich tot zu Boden fällt!

Spanner

(Allgemeines)

Ich beobachte dich zu jeder Tageszeit
Ich weiß über dein Leben voll Bescheid
Dein Tagesablauf steht für mich fest
Ich weiß, wann du das Haus verlässt!
Ich weiß, was du zu Mittag ist
Und ich weiß, wann du alleine bist!

Nachts schleiche ich mich an deine Tür
Einen Schlüssel habe ich dafür
Du bist grad dabei, ins Bett zu gehen
Ich sehe dich, doch du kannst mich nicht sehen!

Deine Alltagsroutine wurde dir zur Gefahr
Weil ich immer in deiner Nähe war
Dich durchschaut man nur allzu leicht
Weil dein Leben einem offenen Buch gleicht!

Ich weiß, wann du eingeschlafen bist
Und ich weiß, dass es Tiefschlaf ist
Ich weiß, in der Küche, im zweiten Schubfach
Liegt ein Messer, welches mich anlacht!

Alles nur Schein
Persönliches

Es gibt keine echte Freundschaft, keine wahre Liebe

Ihr wollt sie doch nur befriedigen, eure verdammten Triebe

Doch ich habe das nicht nötig, denn ich bin anders als ihr

Euch beherrschen Machthunger, Übermut und Gier!

Die Welt ist ein Dreckshaufen

Überall liegt Scheiße und ihr könnt sie fressen gehen

Macht die Augen auf, ihr Spießer

Oder wollt ihr die Wahrheit nicht sehen!

Liebe und Freundschaft, ihr bildet euch alles ein

In Wirklichkeit ist alles nichts als Schein

Ist die Welt nicht gut genug, ist sie zu schlecht

Bastelt ihr euch eure Realität zurecht!

Ihr mögt dies nicht, ihr könnt das nicht leiden

Na, da kann man sich ja was zurechtschneiden

So, wie die Welt ist, könnt ihr sie nicht hinnehmen

Ihr müsst immer etwas Schönes dazugeben!

Ihr lebt in einer Welt voller Lügen

Nie kommt die Wahrheit auf den Tisch

Ihr seid nicht fähig hinzunehmen

Dass die Welt so ist wie sie ist!

Ich will mein altes Leben wieder
(Persönliches)

Ich will mein altes Leben wieder haben
Ich kann mein Dasein hier nicht mehr
ertragen
Ich verspreche, ich ändere mich, aber bitte
nicht hier
Ich will zurück- Ich will zurück- Ich will
zurück zu dir!

Wie oft haben wir uns gestritten
Und uns dann wieder vertragen
Haben zusammengehalten
In fast jeden Lebenslagen!

Und auch bei uns, da gab es
Wirklich so einiges an Stress
Doch vielleicht ist das schon wieder vorbei
Würden wir es nochmal versuchen
Ich wär sofort dabei!

Ich danke meinem Freund und meiner
Familie
Die mich so oft am leben erhielten
Ich werde auch nie vergessen, wie sie sich
In Notsituationen mir gegenüber verhielten!

Chor des Grauens

(Allgemeines)

Das kleine Mädchen ist erst sieben Jahr
Obwohl es schon viel älter war
Trotzdem ist es erst sieben
Ja, es ist zu jung geblieben!

Dieses kleine Kind gefangen
Im Kerker der Dunkelheit
Wartet vergebens darauf
Dass man es befreit!

Dort im Keller nichts als Ratten
Die lange nichts zu fressen hatten
Doch dort, auf dem Boden, eine kleine Flöte
Gekauft, dass man sein Herz nicht vollends töte!

Die Flöte gibt gar feinen Klang
Dazu der Ratten grausiger Gesang
Es ist ein gar grausiger Chor
Doch niemand schenkte ihm ein Ohr!

Das kleine Mädchen schon zur Hälfte zernagt
Schon lang nicht mehr über das Leid klagt
Dann, scheinbar nach endloser Zeit
Hat man das kleine Kind befreit!

Das wahre Paradies

(Allgemeines)

Viele haben den Ritt ins Paradies gewagt
Und bis jetzt hat sich auch niemand beklagt
Doch bedenk: Bisher ist auch niemand zurückgekehrt!

Woher willst du wissen, dass das Paradies
In Wahrheit nicht die wahre Hölle ist
Du wirst es erst dann merken
Wenn du endlich angekommen bist!

Dann bereust du alles, doch dann ist es zu spät
Also pass auf, was der Atheist in mir rät:

Misstraue dem Paradies, glaube an die Hölle
Schaden kann es dir nichts
Was du nicht mit eigenen Augen gesehen hast
Kann von dir auch nicht vermisst
Werden
Man verspricht dir das höchste Glück auf
Erden
Doch
Vielleicht ist das Paradies auch nur ein riesiges
Schwarzes Loch!

Tränen

(Persönliches)

Ich ertrinke in meinen Tränen
Doch keiner bekommt etwas davon mit
Da ich es nicht in der Öffentlichkeit tu
(Das wär ja schließlich unterstes Niveau)
Es ist ein wahrer Höllenritt!

Ich weine tief aus meinem Innersten heraus
Die Tränen fressen mich innerlich auf
Und wenn man dies öffentlich sieht
Dann ist es zum Helfen viel zu spät!

Dann ist mir nicht mehr zu helfen, nie und nimmer
Das habt ihr dann alle davon
Es wird jeden Tag um ein Vielfaches schlimmer
Ich versinke oft in schwerer Depression!

Ich möchte nicht mehr daran denken
Denn ich habe es so satt
Ich habe hier und jetzt mein Leben zu verschenken
Weil es für mich zu viel Trauer hat!

Schwarzes Gold

(Persönliches)

Schwarzes Gold, verfärbtes Edelmetall
Wurd gefunden nirgendwo und überall
Es ist verhasst und doch begehrt
Völlig zerstört und unversehrt!

Schwarzes Gold ist überall
Und am Ende doch nicht hier
Es ist der Grundstein für den Zerfall
Des inneren Friedens in mir!

Jeder täte alles dafür
Um es in die Finger zu bekommen
Doch schwarzes Gold ist leicht wässrig
So ist es alsbald fortgeschwommen!

Durch die heißen Tränen
Zusammen mit dem Sehnen
In Freiheit
Und Unabhängigkeit zu leben!

Erzieher

(Niveauloses)

Ich gebe zu, ich habe diese
Welt noch nie sonderlich

Gemocht

Habe noch nie viel von ihr
gehalten

Doch

Erst bei euch habe ich
gelernt, die Welt zu
verachten, zu hassen

Das, was ihr Erziehung
nennt, hättet ihr auch
lassen

Können, das wär genau
dasselbe gewesen

Ich kann sehr gut ohne euch
leben!

Ich habe gelernt, mich zu
widersetzen

Wie solche Spießer wie ihr
mich ankotzen!

Ihr braucht nicht so zu
schauen, es ist die Wahrheit

Und es tut mir nicht im
Geringsten leid

Euch meine Meinung ins
Gesicht zu schleudern!

Wenn ihr mich zurechtweist

Fühlt ihr euch so überlegen

Ihr wisst nicht, was es
heißt

Jung zu sein, denn ihr habt
es vergessen!

Gewalt

(Allgemeines)

Verbale Sprache gibt es kaum noch
Dafür spricht jeder die Sprache der Gewalt
Jeder kennt sie, jeder benutzt sie
Und niemand macht mit ihr vor irgendetwas
Halt!

Passt dem einen nicht, was der andere sagt
Schon gibt er ihm was aufs Maul
Arbeiten tun sie alle nicht gern
Doch dafür ist keiner zu faul!

Und dann wird drauflos geschlagen, bis es
blutet
Und bis alle Zähne herausbrechen
Und jeder denkt nur noch den einen Satz:
„Dafür muss ich mich jetzt rächen!"

Und niemand bekommt etwas davon mit
Dass er damit selbst gesteht
Dass auch er ein Opfer der Dummheit ist
Und dass es ohne Gewalt in der Welt nicht mehr
geht!

Falsche Realität

(Allgemeines)

Die Realität zu ignorieren
Fällt vielen von uns nicht schwer
Wenn wir einmal verlieren
Erinnern wir uns später daran nicht mehr!

Die Fotos der Wirklichkeit
Zeigen uns im falschen Licht
Wir erinnern uns nur an die gute Zeit
Der Rest interessiert uns nicht!

Immer ein strahlendes Lächeln, keine Frage
Wir zeigen uns immer von der besten Seite
Und erinnert uns jemand an die schlechten Tage
Dann suchen wir ganz schnell das Weite!

Dunkle Kapitel gibt es nicht
Davon sind wir überzeugt
Und wehe dem, der sich etwas näher
Über unsere Vergangenheit beugt!

Viele von uns tragen Masken
Um die Wirklichkeit zu verzerr´n
Um die guten Seiten der Welt zu zeigen
Und die dunklen für immer einzusperr´n!

Spielball

(Persönliches)

Wie ein Spielball werde ich geschleudert
Ständig hin und her
Ich finde das vollkommen bescheuert
Inzwischen weiß ich fast gar nichts mehr!

Ich weiß nicht, was ich machen soll
Ich bin völlig irritiert
Ich warte auf Erlösung
Doch bisher ist nichts passiert!

Ich bin hin- und hergerissen
Leute, schaut mich doch mal an
Mir geht es damit echt beschissen
Weil ich nicht mehr weiß, was ich glauben
kann!

Erst höre ich das eine, dann etwas anderes
Es gibt echt nichts Spannenderes
Als sich ständig verschiedene Meinungen
anhören zu müssen
Ich fühle mich innerlich vollkommen
zerrissen!

Auf Regen folgt Sonnenschein

(Persönliches/Allgemeines)

Umwelt

(Allgemeines)

Hey, Leute. Schaut mal herauf

Und schaut euch mal eure Umwelt an

Fällt euch wirklich nicht auf

Dass das nicht so weitergehen kann?

Zu viele Bäume werden gefällt, die Luft wird zu sehr verschmutzt

Die Ozonschicht ist auch schon ziemlich abgenutzt

Leute, ihr werdet einfach nicht gescheiter

Ihr schadet der Natur einfach immer weiter!

Könnt ihr es denn nicht begreifen

Dass man mit der Natur so nicht umzugehen hat?

Ich frage euch, wann werdet ihr endlich reifen

Und die Natur schonen, wie´s noch keiner tat?

Ich spreche jetzt zur ganzen Menschheit

Ich flehe euch an

Ist euch denn die Herrlichkeit

Der unbeschädigten Natur nicht bekannt?

Ich bitte darum, hört auf, sie zu zerstören

Ihr solltet einmal auf den Ruf der Natur hören

Dieser ganze Klimawandel, er sollte euch zu Denken geben

Also versucht bitte, dies zu beheben

Die Natur soll doch weiterleben

Sonst wird sie sich voll und ganz gegen uns erheben

Und dann wird es eine Katastrophe geben!

Jawohl, ich bin ein Punk - stolz darauf!

(Persönliches)

Ich sage es jetzt, in aller Öffentlichkeit
Ich bin ein Punk, seit einiger Zeit
Du kannst mich beleidigen, wie und wann du willst
Als Zecke oder Stück Dreck
Doch irgendwann gerätst du an den Falschen
Und bist dann ganz schnell weg!

Du brauchst es nur einmal zum Falschen zu sagen,
schon holt dieser aus
Und schneller als gedacht liegst du dann im
Krankenhaus!
Doch ganz ehrlich, das wünsche ich dir fest
Vielleicht bist du dann den Rest
Deines Lebens an den Rollstuhl gebunden
Dann lach ich dich aus
Dann hast du mich umsonst geschunden!

Na ja, schinden tust du mich immer weniger
Was du sagst, interessiert mich schon lange nicht mehr!

Der neue Weihnachtsmann

(Kleiner Scherz)

Hohoho, ich bin der neue Weihnachtsmann
Und ich sehe euren Gesichtern an
Dass ihr denkt, dass das nicht sein kann!

Ich bin nicht mehr dick und kugelrund
Denn seit letztem Jahr ernähr ich mich gesund
Esse nicht mehr nur Schokoladenweihnachtsmänner, meine
Artgenossen
Sondern auch Tomaten, Kartoffeln, Gurken und Karotten!

Ja, ihr lieben Leute, ihr staunt, doch es ist wirklich wahr
Ich bin nicht mehr der alte Fettsack vom letzten Jahr!

Ab sofort bin ich irre dünn
Und das ist wirklich super-klasse
Weil ich, und das hat ja wirklich Sinn
Ab sofort durch jeden Kamin passe!

Lasst mich in Ruhe!

(Niveauloses)

Ihr könnt mir nichts mehr sagen

Ihr könnt verzagen und so viel klagen

Wie ihr wollt!

Ihr könnt mich nicht manipulieren

Das wird nie im Leben passieren

Also heult!

Refrain: Ich scheiß auf euer Wort

Weil ihr euch an meiner Verzweiflung labt

Ich scheiß auf euren Komfort

Weil ihr im Grunde so etwas nicht habt!

.... , ich hasse dich

Euch Erzieher brauch ich nich`

Versucht nicht, mir eine Gehirnwäsche zu erteilen, das werdet ihr nicht schaffen

Ihr seid doch nur vom Staat finanzierte verdammte Affen!

Refrain: ich scheiß…

Lasst mich in Ruhe! Lasst mich in Frieden!

Lasst mich in Ruhe! Ich bleib einfach liegen!

Ihr könnt mich nicht verändern! Das könnt ihr vergessen!

Ich habe schon längst auf euch geschissen!

Spießer

(Allgemeines)

Ich kann es nicht mehr ertragen
Ich kann es nicht mehr sehen
Ständig diese Spießer
Die auf den Straßen gehen!

Immer das Gleiche, immer das Monotone
Ich würde dich bitten: „Bitte verschone
Mich!"
Ich ertrag es einfach nich´!

Zuerst wird gearbeitet, dann gegessen
Dann wird sich schlafen gelegt
Morgen dann dasselbe, ich kann es nicht
fassen
Das Monotone hat die Abwechslung
hinweggefegt!

Und die Gesellschaft kann
Es nicht aktzeptieren
Dass Menschen existieren
Die sich gegen diese Spießer wehren!

Stephan und ich- einmalig… nervig

(Persönliches)

Dieses Gedicht ist für dich gedacht

Zusammen haben wir schon viel gelacht

Ich weiß nicht mehr, wie das kam

Aber ich glaube zu wissen, was wir sind

Freunde für´s Leben, so hoffe ich

Und ich weiß auch, innerlich

Steckt in uns immer noch ein Kind!

Und das ist doch gut so, ist meine Meinung

Und dass wir immer nur nerven

Ist wirklich nur eine falsche Erscheinung

Denn in Notsituationen können wir uns benehmen

Und immer daran denken: Es ist dein Leben!

Wenn du dir nichts sagen lassen willst, dann tu das auch nich`

Denk bitte immer daran: Ich glaube stets an dich!

Du hast wirklich nichts mehr zu verlieren

Also kann dir auch nichts mehr Großes passieren

Und lass dich bloß nicht manipulieren

Wie man es hier oft versucht!

Tu, was du für richtig hältst

Denn dass du die richtige Entscheidung fällst

Daran glaube ich fest!

Affe und Katze

(Persönliches)

Im Urwald, ein Affe, behaart und hässlich
Sein Verhalten ist aber auch gar zu grässlich
Seit Monaten schon er die Katze umschleicht
Man fragt sich, wann es der Katze endgültig reicht?

Doch die scheint davon nichts mitzubekommen
Hat noch keine Notiz vom Affen genommen
Weiß nicht, wie der Affe empfindet
Dass seine Sehnsucht nach ihr niemals schwindet!

Der Affe sitzt auf einem Baum
Träumt seinen üblichen Tagtraum
Als er dann schließlich erwacht
Ist es finster, ist es Nacht!

Doch als er kurz nach unten späht
Sieht er sofort, wie sie vorbeigeht
Sehnsüchtig schaut er ihr drein
Und fängt schließlich an zu weinen!

Als der Affe am nächsten Morgen denkt

Er würde vor Sehnsucht verrückt

Hat er sie doch glatt hinter den

Vielen Bäumen und Sträuchern erblickt!

Sie schläft, so ruhig und friedlich

Ein netter Anblick; so niedlich

Er ist ganz leise, will sie nicht wecken

Doch als er genauer hinschaut, tut er sich
erschrecken!

Denn sie ist nicht allein

Ein Tiger schläft noch bei ihr

Der Affe, entsetzt und traurig zugleich

Fragt sich, was sucht der Fremde hier?

Als der Affe dies erblickt

Er total geknickt

Wieder zurück zu seinem Baume wankt

Sich dort eine Banane langt

Und den Schlaf sucht

Um zu vergessen…

Freiheit

(Persönliches)

Freiheit - bitte komm wieder zu mir
Freiheit- Ich habe Sehnsucht nach dir
Freiheit - Früher wusste ich dich nicht zu schätzen
Freiheit - Doch heute weiß ich, du bist nicht zu ersetzen!

Freiheit - jetzt, wo du fehlst, merke ich, wer du bist
Freiheit - jetzt, wo du fehlst, merke ich
Dass deine Anwesenheit absolut unersetzlich ist
Freiheit - bitte, bitte komm wieder zurück
Du bist besonders das, was mir hier fehlt zum Glück!

Freiheit - bitte, lass uns wieder vertragen
Du willst doch nicht, dass ich in den schändlichen Tagen
Im ebenso schändlichen Heim verrecke, bis dahin ist es nicht
mehr weit
Freiheit- bitte, ich flehe dich an, vergessen wir unseren Streit!

Freiheit, du bist nicht da, ich vermisse dich so sehr
Freiheit- versteh doch, ich kann bald nicht mehr
Freiheit- Ich halte es ohne dich nicht mehr lange aus
Freiheit- Bitte komm zu mir und hol mich hier raus!

Gestatten, mein Name...
(Allgemeines)

Ich sorge für Dauerstress, für ständigen Dauerstreit
Ich bin dafür verantwortlich, wenn ihr mies drauf seid
Wenn ihr etwas begehrt, was dem anderen gehört
Dann denkt an mich- ich bin der, der die Ruhe stört!

Wenn ihr euch untereinander mal wieder streitet
Wenn sich dein Auge vor Sehnsucht wieder weitet
Wenn sich deine Finger um einen fremden Gegenstand
krallen
Und wenn dir vor Gier beinahe die Augen
Rausfallen!
Dann bin ich schuld!

Refrain: Ich sorge für Dauerstreit
Für Kummer, Schmerz und Leid
Bald ist es wieder soweit
Ihr bekommt euch in die Haare
Wegen jeder Kleinigkeit
Gestatten, mein Name

Mein Name ist Neid!

Wenn du etwas entdeckst, was dir gefällt
Und keine Macht der Welt
Dich vor einem Diebstahl abhält
Wenn dein letztes bisschen Moral erlischt
Dann bin ich wieder da- und du merkst es nicht!

Entschuldige, dass ich so fühle…!

(Persönliches)

Ich sterbe fast vor Sehnsucht nach dir

Es tut mir so leid- bitte glaube mir

Doch ich kann nichts dafür!

Ich habe meine Gefühle nicht unter Kontrolle

Meine Gedanken machen, was sie wollen

Wüsstest du es- ich könnt´ dir nie mehr in die Augen schauen

Doch in einem Punkt kannst du mir wirklich vertrauen:

Refrain: Ich habe dabei keine Hintergedanken

Ich bin nicht nur hinter deinem Körper her

Du faszinierst mich, ich fühl mich zu dir hingezogen

Verdammt, du interessierst mich so sehr!

Ich kenne keinen, der mich so kennt

Und auch mir sind diese Gefühle total fremd

Ich bin mir bewusst- du würdest beleidigt sein

Verekelt sogar- doch du musst mir verzeihn!

Refrain: ...

Ich schaffe es nicht, meine Gefühle zu
unterdrücken

Ich schaffe es nicht, ihnen zu entrücken

Ich kann leider nicht jeden Abend widerstehen

Dich vor meinem geistigen Auge anzusehen!

Refrain: ...

Heiß und kalt

(Persönliches)

Ich will nicht länger weiterleben

Ich möchte mich nicht fortbewegen

Ich möchte die Welt nicht mehr sehen

Möchte von den Lebenden gehen!

Ich möchte nicht darüber reden

Will keinen Schritt aus meinem Zimmer treten

Kann nicht genießen und nicht lieben

Und bleibe deshalb einfach liegen!

Und mir ist kalt und mir wird heiß

Aus mir heraus bricht der Schweiß

Mir geht es dreckig, mir geht´s nicht gut

Über mich bricht eine große Flut

Von Gedanken und Gefühlen herein

Und ich, ich fang an zu schreien:

Ich kann nicht mehr!

Ich ertrag´s nicht mehr!

Ich will nicht mehr!

Ich will euch nicht mehr sehen!

Könnt ihr mich nicht verstehen?!

Dumm

(Niveauloses)

Du bist so jung

Und doch so dumm

Du lachst über deine eigenen Witze

So selbstverliebt

Und das, wo es bei deinen Witzen

Nicht mal ´ne Pointe gibt!

Dass du das noch kannst

Dass du dich das noch traust

Hast du denn keine Angst

Das man dir mal auf die Fresse haut?

Es muss einfach gesagt werden

Ich weiß, es ist nicht nett

Doch du bist das größte Rindvieh auf Erden

Und so dick und fett!

Refrain: So dick- so fett- so kugelrund

Wenn du nichts dagegen tust

Ist das auf Dauer nicht gesund!

Du bist zum Bewegen zu faul

Du lässt Sprüche, die keiner hören will

Halt doch endlich mal dein Maul

Sei leise, sei doch endlich mal still!

Ich wundere mich jeden Tag, dass so jemand existiert

Ich denke jeden Tag: „Das kann nicht sein!"

Du bist jemand, der jeden Tag aufs neue verliert!

Refrain: …

Weihnachtszeit

(Kleiner Scherz)

Weihnachtszeit, Weihnachtszeit

Heute ist´s noch nicht soweit

Weihnachten fällt dieses Jahr

Ins Wasser, ach, wie wunderbar!

Die Kinder träumen davon

Dass sie heut was bekommen

Doch ich glaub, dass sie da falsch denken

Denn heute gibt es nichts zu schenken!

Weihnachtszeit, Weihnachtszeit

Sorgt sonst für muntere Heiterkeit

Doch dieses Jahr ist´s andersrum

Die Eltern sind froh, die Kinder heulen rum!

Die Eltern müssen nicht mehr so viel Geld
ausgeben

Die Kinder müssen mit armseligen Plätzchen
leben

Zu diesem Zustand fällt mir nur eines ein

Nächstes Jahr muss es genauso sein!

Weihnachtszeit, Weihnachtszeit

Die Kinder tun mir nicht im Geringsten leid

Früher mussten die Eltern teure Geschenke
einkaufen

Dieses Jahr können sie ohne Ende Glühwein
saufen!

Neid

(Allgemeines)

Neulich ging er in den Laden und
Kaufte sich eine kleine Süßigkeit
Er hatte noch etwas Geld übrig, das
Schicksal hat´s gut mit ihm gemeint!

Dann fuhr er wieder ins Heim
Und ging in sein Zimmer zurück
Dort machte er die Schokolade auf
Und nahm sich auch gleich ein Stück!

Dann legte er sie auf den Tisch
Er hatte nicht daran gedacht
Und als er dann wiederkam
Hat man ihn ausgelacht,

Denn:

Lass niemals etwas liegen
Wenn es dir wichtig ist
Neid regiert in diesem Heim und
Die Kinder gönnen dir nichts!

Richtig sauer und wutentbrannt
Ist er durch den Flur gerannt
Er wollte den Schuldigen schlagen
Doch er wollte es nicht wagen

Denn die Unschuldigen
Können ja nichts dafür
Und so öffnete er stattdessen
Jede geschlossene Tür!

Um zu sehen, ob er den Schuldigen
Auf die letzte Minute noch fände
Vielleicht hielt der miese Dieb
Seine Beute noch in den Händen!

Lass niemals etwas liegen
Wenn es dir wichtig ist
Neid regiert in diesem Heim und
Die Kinder gönnen dir nichts!

Doch als auch am Ende des Tages
Das Gestohlene nicht gefunden war
Und er feststellte, wie undankbar
Die Kinder sind, da wurd´ ihm klar:

Lass niemals etwas liegen
Auch wenn es dich sehr stört
Die Kinder können sich nur bedienen
An dem, was ihnen nicht gehört!

Am Abgrund
(Allgemeines)

Viele Jahre sind vergangen
Kostbare Zeit umsonst verloren
Doch du gibst niemals auf
Das hast du dir damals geschworen!

Und jetzt stehst du am Abgrund, während
Die Meute auf dich zurennt
Sie spielen mit dem Feuer
Das kein Erbarmen kennt!

Refrain: Spring- oder setz dich zur Wehr
Eins geht nur- Doch bald geht gar nichts mehr
Willst du springen oder widerstehen
Willst du leben oder ins Totenreich gehen?

Wie soll dein Leben aussehen
Wenn du nicht um deine Freiheit kämpfst
Wie soll das Ganze ausgehen
Wenn du deine Grenzen nicht kennst?

Bald ist dein Ende erreicht
Du hast keine andere Wahl
Entscheide dich endlich
Nimmst du Kopf oder Zahl?

Wurm

(Persönliches)

Zerstückelst du ihn dann lebt er weiter
Hör genau hin; du hörst, leise schreit er
Doch so leise, dass ihn keiner hört
Sich niemand an sei´m Schreien stört!

Du Wurm! Geboren als Zwitter
Das Leben als solcher ist gar zu bitter
Du zwingst dich, in dich hinein zu lachen
Denn du musst das allein mit dir machen!

Du Wurm! Du erbärmlicher
Dein Geist und Verstand sind ärmlicher
Als von jedem anderen Menschen und Tier
Die Einsamkeit lockte, und jetzt gehörst du ihr!

Du kannst ihn nicht endlos zerschneiden
Er kann nicht ewig weiter leiden
Schöne Gefühle sind ihm fremd
Weißes Gift auf schwarzes Hemd!

Von Optimisten und Pessimisten

(Allgemeines)

Pessimisten behalten sehr oft Recht

Doch glücklich sind sie nicht

Sie sehen alles von vornherein schlecht

Und sehen niemals ein Licht!

Refrain: Und am Ende des Tunnels ist ein Licht

Das behauptet jedenfalls der Optimist

Doch der Pessimist ist skeptisch und sagt nur:

„Scheiße, uns entgegen kommt ein Zug!"

Der Pessimist hat sehr viel gelernt

Er weiß, wie der Hase läuft

Wenn sich in dieser verdammten Welt

Hunger, Tod und Elend anhäuft!

Der Pessimist weiß das alles sehr genau

Er hat in dieser Welt schon zu viel gesehen

Er wurde bereits aus dieser Welt schlau

Im Grunde will er nicht mehr auf die Straße gehen!

Refrain: …

Der Optimist freut sich auf den nächsten Tag

Der Pessimist fragt sich, ob dieser überhaupt
kommt

Der Optimist ist jemand, der alles und jeden mag

Alle Pessimisten sind davon natürlich
ausgenommen!

Opfer und Täter

(Allgemeines)

Hasserfüllt und voller Wut

Durch Machthunger und Übermut

Von Erwachsenen, die glauben

Sie könnten sich alles erlauben!

Refrain: Munition und Waffen kaufen

In die Schule gehen und Amok laufen!

Mitschüler, die über sie lachen

Die sie zum Außenseiter machen

Die ganze Welt, die sie schikaniert

Bis irgendwann das Unglück passiert!

Refrain: Munition und…

Eltern, die sie nicht verstehen

Können das Unheil nicht vorhersehen!

Refrain: Munition und…

Der Amokläufer schießt

Das Blut der Täter fließt

Dann ein Kopfschuss - alles ist vorbei

Für das Opfer bis in alle Ewigkeit!

Alter Mann, junger Mann

(Persönliches)

Der alte Mann muss traurig sein

Sitzt auf dem Schiff uns starrt ins Meer

Nimmt noch ein paar Tabletten ein

Und ein Vitamingetränk hinterher!

Doch so ganz allein ist er nicht

Ein junger Mann ist noch an Bord

Er steht am Ende des Bootes und genießt die Sicht

Aufs Meer; er sagt kein einziges Wort!

„Du brauchst mich nicht mehr"!

Die Worte dringen in den jungen Mann wie ein Messer

„Ich bin schon alt, der Zug ist abgefahren

Ohne mich lebst du wahrscheinlich viel besser!"

Eine Träne läuft über des jungen Mannes Gesicht

Seine Augen glänzen im blassen Morgenlicht

Er dreht sich um; der junge Mann leise spricht:

„Vater, du verstehst mich einfach nicht!"

Das weiße Haar glänzt in der Sonne

„Aber warum?" Seine Zeit ist bald verronnen

„Nun, sprich mit mir, Kind, ich hätt´s gern erklärt

Was bin ich, alter Mann, dir denn noch wert?"

„Du wirst mich wahrscheinlich nie verstehen

Willst meine Angst um dich nicht sehen

Doch eigentlich musst du wissen, dass du mich
quälst

Wenn du solche Dinge erzählst

Andersrum ist´s, glaube ich", so der junge Mann
erklärt

„Du quälst mich; wahrscheinlich bin ich dir nichts
mehr wert!"

Leben im Ozean

(Allgemeines)

An der Oberfläche; die flachen Wellen
Reflektieren das Licht der hellen
Sonne; es muss so friedlich sein
Doch wie so oft trügt der Schein!

Unter Wasser, ein Schwarm von Fischen
Ist mir geradeso noch ausgewichen
Mittendrin ein Fisch, so klein
Das muss ein Außenseiter sein!

Dort, wo kein Licht mehr hinein dringt
Dort, wo kein Laut mehr erklingt
Dort unten, tief im Ozean
Ist das Leben hart und grausam!

Der kleine Fisch wird herum geschubst
Die andern seh´n aus, als würden sie lachen
Der arme, kleine Fisch, so hilflos
Kann wirklich nichts dagegen machen!

Seine kleinen Augen blicken panisch hin und her

Doch bald rührt sich sein Körper gar nicht mehr

Die anderen schwimmen an einen anderen Ort

Und das kalte Wasser spült den kleinen Leichnam
fort!

Dort, wo kein Licht mehr hinein dringt

Dort, wo kein Laut mehr erklingt

Dort unten, in schwarzer Tiefe

Sieht es so aus, als ob der kleine Fisch schliefe!

Feuer frei!

(Persönliches)

Qualen, Qualen ohne Ende

Legt seine Stirn in meine Hände

Verhält sich ruhig, ich halte mich bereit

Für den Fall, dass er um Hilfe schreit!

Feuer frei!

Seine Augen glänzen im Sonnenlicht

Er steht still da und rührt sich nicht

„Bringt es zu Ende!" So sein Schrei

Feuer frei!

Er wirft die Fäuste in die Luft

„Erlöse mich!" So er in den Himmel ruft

Anklagend er den Arm erhebt

Und schon bald vor den Menschen steht

Wie viel Menschengruppen? Es sind drei

Sie rennen auf ihn zu –

Feuer frei!

Feuer, Feuer, Feuer, Feuer

Feuert aus allen Kanonen

Feuer, Feuer, Feuer, Feuer

Keiner soll ihn schonen

Feuer, Feuer, Feuer, Feuer

Mittendrin statt nur dabei

Feuer, Feuer, Feuer, Feuer

Ich befehle: Feuer frei!

Spiel
(Persönliches)

Die Mutter, ganz allein
Zieht alsbald die Spieluhr auf
Wollte nicht mehr einsam sein!

Die Spieluhr fängt an zu spielen
Und sich zu drehen
Doch bald, nach geraumer Zeit
Bleibt sie wieder stehen!

Die Mutter zieht die Spieluhr wieder auf
An dem Jungen, der hereintrat, starrt sie vorbei
Schaut durch ihn hindurch
So als ob der Junge gar nicht anwesend sei!

Spiel, spiel, spiel – Spiel für sie
Spiel, spiel, spiel – deinen Dienst versage nie
Spiel, spiel, spiel – weil sie allein ist
Spiel, spiel, spiel – und du das Einzige für sie bist!

Da kommt ein kleines Mädchen herein
Die Mutter nimmt es in den Arm
Mein armes Herz, es wird zu Stein
Die Mutter hält das Mädchen warm!

Spiel, spiel, spiel – spiel für sie für immer
Spiel, spiel, spiel – deinen Dienst versage nimmer
Spiel, spiel, spiel – weil sie mich schon verlieren tat
Spiel, spiel, spiel – bist du das Einzige, was sie noch hat!

Spiel!

Tür

(Allgemeines)

Was befindet sich
Hinter dieser Tür dort
Ist dort das Paradies
Oder nur ein dunkler Ort!

Ich rüttel an der Klinke
Die Tür leider verschlossen ist
Ein Zustand, den man leider
Ziemlich schnell vergisst!

Ich wende mich ab von dieser Tür
Gehe statt dessen zu ihr
Frage, ob sie die Tür öffnen kann
Doch sie sieht mich nur traurig an!

Mit fester Stimme sagt sie: „Die Tür ist ein
Geheimnis
Welches sich nicht leicht lösen lässt."
Doch als sie dann die nächsten Worte sprach
Klang ihre Stimme nicht mehr so fest!

„Die Abgründe dort sind so tief
Dass du mit Blindheit geschlagen wirst
Weil das Monster, das in dir schlief
Langsam aufwacht und du es hörst!"

Ein Lied für dich

(Persönliches)

Ich hab dich immer gut leiden können

Hast mir immer gute Laune gemacht

Jetzt kommst du in die Freiheit, ich werd´s dir gönnen

Deine Bemühungen haben Früchte gebracht!

Jetzt bald bist du wieder frei

Was muss das für ein Gefühl sein

Wenn nach anderthalb Jahren Gefangenschaft

Einem die Sonne endlich wieder lacht!

Danke, dass du da warst

Danke für diese Stunden

Und irgendwann habe ich hoffentlich auch

Dein Gehen überwunden!

Du hast es erreicht, dein Ziel

Dieses Lied, ich will´s dir schenken

Zugegeben, es ist nicht viel

Doch ich werd´ immer an dich denken!

Wehrt euch!

(Allgemeines)

Wann wehrt ihr euch gegen diese Macht

Wann kommt der Tag, an dem ihr aufwacht

Was muss noch passieren, damit ihr versteht

Dass es nur mit Worten am Ende doch nicht geht!

Jetzt wehr dich doch und benutze auch deine Faust

Bist selber schuld, wenn du deinen Weg mit Nichtstun verbaust

Du bist ein junger Mensch, dein ganzes Leben liegt vor dir

Doch wo auch immer deine Zukunft liegt - sie ist ganz gewiss nicht hier!

Niemand kann dich zwingen, keiner bestimmt über dich

Wenn du etwas nicht willst, dann tu dies auch nicht

Du ganz allein entscheidest über dein Leben

Und du hast das Recht, nach Freiheit zu streben!

Warum, Herrgott?

(Allgemeines)

Ein Beben geht durch die Erde
Die Menschen schreien, der Herrgott lacht
Auf dass alles vernichtet werde
Er hat dem friedlichen Dasein ein Ende gemacht!

Die Häuser stürzen ein
Es wird kein Erbarmen geben
Die Menschen davon laufen
Und nach Schutz und Rettung streben!

Warum, Herrgott, hast du das zugelassen
Warum konntest du nicht auf die Menschen aufpassen
Zu dieser Frage fällt mir nur eines ein
Der liebe Herrgott muss wütend sein!

Tausende Tote auf den Straßen
Tod und Elend in den Gassen
Wessen Herz ist hier nicht rein
Der liebe Herrgott muss wütend sein!

Mir ist kalt

(Persönliches)

Mir ist kalt, so kalt
Ich bin schon fast erfroren
Und ich fühl mich so alt
Und als wär ich nie geboren!

In meinem Körper herrscht die Eiszeit
Woher nur kommt dieser Frost
Und keine Rettung weit und breit
Hab keine Chance auf Trost!

Und ich fühl mich im Stich gelassen
Von der ganzen Welt
Ich hab angefangen, mich zu hassen
Weil mich keiner hält!

Und ich irre herum in der Dunkelheit
Finde nicht mehr heraus so bald
Ich hör den Mond, der mich anschreit:
„Du bist so kalt, so kalt!"

Mir ist kalt!

Wellenreiter

(Persönliches)

Wir fahren immer weiter
Mit niedriger Geschwindigkeit
Wir sind die Wellenreiter
Die Fische geben uns Geleit!

Und wir fahren, und wir fahren
Immer geradeaus, geradeaus
Und doch, nach all den Jahren
Fand ich nie den Weg nach Haus!

Und die Wellen schlagen an das Schiff
Wir werden das Ziel nie erreichen
Denn vor uns taucht auf ein Riff
Wir können nicht ausweichen!

Und die Wellen klagen
Erzählen ihre Geschichten
Auf ihren alten Tagen
Konnten sie das Ende sichten!

Wie grausam

(Persönliches)

Wie grausam kann die Sonne sein
Wie grausam kann sie beglücken
Auf meinem Herzen liegt ein Stein
Fängt an, mein Herz zu erdrücken!

Und dieser Stein, er drückt so schwer
Auf meine Wunden, die da versteckt
Ich bin so traurig allzu sehr
Meine Träne nach Blut leicht schmeckt!

Wie grausam kann die Sonne scheinen
Wie grausam kann die Sonne leben
Ihr Schein tut weh, ich muss weinen
Und mich ihrem Strahl ergeben!

Kinder

(Allgemeines)

Das sechste Kind, es war geboren
Nun steht das siebte Kindlein an
Ich fühl mich so verloren
Weil ich mich nicht erinnern kann!

Wer sind eure Väter
Ich kann es euch nicht sagen
Der Schmerz ist zu groß für mich
Ich kann ihn nicht ertragen!

Nun kam ein Engel und sprach zu mir:
„Dir ist ein Kind geboren!"
Das hab ich nun also von meiner Gier
Wurd zur Mutter auserkoren!

Tier

(Allgemeines)

Ich steh weder auf Frau noch auf Mann
Ich werd getrieben von der Gier
Weil man es so leicht verführen kann
Dieses naive, ahnungslose Tier!

Ich brauch es nicht einmal zu zwingen
Es kommt freiwillig zu mir
Um mir ein kleines Ständchen zu singen
Das naive, ahnungslose Tier!

Und hab ich es erst einmal gepackt
Das Tier sofort nach unten sackt
Ob männlich oder weiblich, ganz egal
Hauptsache, es beglückt mein Genital!

Ich hasse

(Persönliches)

Ich bin so müde, ich bin so lustlos
Ich werde niemals meinen Frust los
Ich hasse die Welt, ich hasse mich
Ich hasse ihn, ich hasse dich!

Ich hasse euch, weil ihr euch so fröhlich bewegt
Ich hasse mich, weil es mich aufregt
Ich hasse euch, weil ihr Freude zeigt
Ich hasse mich, weil mein Hass endlos steigt!

Ich hasse euch, weil ihr so glücklich lacht
Ich hasse mich, weil es mir etwas ausmacht
Ich hasse euch, weil ihr wisst, wohin
Ich hasse mich, weil ich allein bin!

Wasser

(Persönliches)

Das Wasser spiegelt mein Gesicht wider
Zeigt die hässliche Wahrheit
Ein dunkler Schatten legt sich nieder
Zeigt ein Gesicht, das stumm schreit!

Das Wasser fängt an sich zu bewegen
Mein Spiegelbild verändert sich
Ich nahm Satans Fluch statt Gottes Segen
Verschwunden ist mein Spiegel-Ich!

Und so fiel ich ins Wasser, dem kalten
Ich sollt´ in meinem Gesicht ertrinken
Das Wasser musste seines Amtes walten
Und ließ mich in den kalten Fluten ertrinken!

Das kalte Wasser ist so erbarmungslos
Es macht mich nackt, es stellt mich bloß
Die Wellen fangen an zu singen
Und mich um meinen Verstand zu bringen!

Ihr habt mir gezeigt

(Persönliches)

Ihr habt mir gezeigt
Dass es keine Freundschaft gibt
Dass mich niemand leiden kann
Dass kein Mensch mich liebt!

Ihr habt mir gezeigt
Dass ich nichts wert bin
Ihr habt mir gezeigt, was fehlt
In meinem Leben - Der Sinn!

Ihr habt mir gezeigt, die Welt ist schlecht
Ihr habt mich demoralisiert, und das zu Recht
In dieser verdammten Welt gibt es kein Licht
Oder wenn, dann sehe ich es jedenfalls nicht!

Der Adler

(Allgemeines)

Der Adler ist der Herr der Luft
Zieht weit oben seine Kreise
Auch wenn man in den Himmel ruft
Beendet er nicht seine Reise!

Den Adler wohl ein jeder kennt
Er hat dort oben sehr viel Macht
Im Himmelreich, das er sein Eigen nennt
So fliegt er schwungvoll durch die Nacht!

Der Adler zu uns nach unten späht
Er kann alles genau erkennen
Doch dort, ein Hubschrauber, der ihm entgeht
So muss er sich vom Leben trennen!

So gerät der Adler ins Getriebe
Dieses behandelt ihn mit nur wenig Liebe
So fällt der Adler, blutverschmiert
Mit einem blutigen Stern, der seinen Körper ziert!

Und dieser rote Stern, er landet weich
Auf dem Boden des Menschenreich
Der Adler wurde nie betrachtet
Mit keinem Ohr und Auge beachtet!

Entfremdung

(Allgemeines)

Als sie mich damals gebar
So süß und klein; da war ihr nicht klar
Dass ich mich noch wandeln würde
Ich war ihr bis zum Ende schwerste Bürde!

Sie dacht´, sie hätt mich wohl gut erzogen
Doch mein reines Herz ist ausgeflogen
Jetzt hab ich nur noch Böses im Sinn
Weil ich etwas anders bin!

Ich hab Spaß an Qual und Schmerz
Schuld daran ist mein fehlendes Herz
Gewissensbisse kenn ich nicht
Wenn mein Messer dein Fleisch ersticht!

Bis zu ihren letzten Tagen
Tat sich meine Mutter fragen
Wie, in Gottes Namen, es soweit kam
Bis sie sich schließlich das Leben nahm!

Todesengel

(Allgemeines)

Ein Flugzeug treibt sich durch die Nacht
Trägt in sich wichtige Menschenfracht
Alles wirkt so friedlich, wirkt so entspannt
Doch hat der Herr der Luft einen Todesengel gesandt!

Dieser steigt aus dem Himmelsreich
Und fliegt sofort von dannen
Weil die großen Herrschaften
Auf grausame Rache sannen!

Der Engel landet auf dem Flugzeug
Und bringt dieses zum Schwanken
Worauf auch dann die Passagiere
In den Fluten der Luft versanken!

Da erscheint des Himmels Chor
Und fängt an zu singen
Es lausche ein jedermanns Ohr
Bis die letzten Laute verklingen!

Blick

(Allgemeines)

Zwei rote Augen starren dich an
Dich mit ihrem Blick durchbohren
Wenn du diesen Blick erwiderst
Hast du augenblicklich verloren!

Halte ihnen einen Spiegel entgegen
Dann schießt der Blick zurück
Ist der Plan auch noch so verwegen
Mit diesem Trick hast du Glück!

Ein furchtbares Ungeheuer sich erhebt
So groß und mächtig wie noch nie
Furchtbar! Das kleine Kind, das nicht mehr lebt
Wie es vor dem Tod noch schrie!

Schlag ihn mit seinen eigenen Waffen
Halt ihm den Spiegel ins Gesicht
So könntest du es schaffen
Auf dass er auf deinen Tod verzicht´!

Unter Folter

(Allgemeines)

Ich fange an dich zu quälen
Es spuken der Verstorbenen Seelen
Dein Verstand weigert sich zu glauben
Die Schmerzen dir die Sinne rauben
Denken ist jetzt nicht mehr drin
Ich folter dich ohne jeden Sinn!

Auf der Folterbank wird angefangen
Dein Geschrei steigert mein Verlangen
Hier wird gefoltert, hier wird gequält
Deine Schmerzen sind meine Welt!

Dein ganzer Körper ist leichenblass
Der Boden voll von deinem Blut
Der Anblick steigert meinen Hass
Ich war die ganze Zeit zu gut!

Deine Augen sind voller Leiden
Du siehst meine zwei Messerschneiden
Du denkst, du denkst, ich hasse dich
Doch mein Hass richtet sich gegen mich!

Ich hab´s im Leben zu nichts gebracht
Man hat mich überall nur ausgelacht
Sie quälten mich, wie ich dich jetzt
Und ich habe mich mit Scham verletzt!

Stern

(Persönliches)

Breit und weit ist es im All
Dunkel im Sonnensystem
Siehst einen Stern nach dem anderen
Im Schwarzen Loch untergehn!

Doch dort, ein Stern, mir wohlgesonnen
Er hat sofort mein Herz gewonnen
Ein heller Strahl am dunklen Horizont
Hab mich in seinem Schein gesonnt!

Er ist der hellste Stern
Den ich jemals gesehen
Hab ihn so furchtbar gern
Doch lange wird er nicht mehr stehen!

Bald wird er wieder verschwinden
Geschluckt vom schwarzen Loch
Sich mit seinem alten leben zu verbinden
Ich freu mich für ihn und bin traurig doch!

Weißes Gift

(Allgemeines)

Sein Körper völlig aufgewühlt
Hat sich sehr schnell abgekühlt
Tat ein letztes Mal die Augen zu
Legt sich nieder zur Seelenruh´!

Das weiße Gift durch den Körper schießt
Sich in sein reines Herz ergießt
Schwarze Flecken auf weißer Haut
Sein Körper sich zum Gefängnis erbaut!

Der Spiegel strahlte allzu hell
Das weiße Gift war viel zu schnell
In seinem Kopf das laute Dröhnen
Schien den Jungen zu verhöhnen!

Das weiße Gift, das weiße Gift
Dich mit seiner ganzen Schlagkraft trifft
Das weiße Gift, zum Töten geboren
Hat es dich zu seinem Opfer auserkoren!

Untergang

(Allgemeines)

Nun also ist die Zeit bald gekommen

Der Schrei der Verzweiflung wurd´ vernommen

Weil´s im Maya- Kalender so steht

Dass unsere Welt bald untergeht!

Das ist euer Todestages Datum

Euer wirklich letztes Ultimatum

Läuft langsam aber sicher ab

Die Zeit steht still, die Zeit wird knapp!

Diese unsere Erde ist bald vergangen

Weil die Vögel nicht mehr sangen

Weil der Kalender zum Stillstand kam

Und damit der Menschen letzte Hoffnung nahm!

Bibel

(Allgemeines)

Sieh dort, was in der Bibel geschrieben
Du sollst nicht sündigen, die Falschen lieben
Weder Nachbarsfrau noch Schulkind
Weil sie tabu für dich sind!

Ich hoffe, du hältst dich auch daran
Dass man sich auf dich verlassen kann
Kein falscher Schritt, kein falsches Berühren
Sonst bekommst du Gottes Zorn zu spüren!

Das kleine Kind noch unschuldig ist
Du dagegen es nicht mehr bist
Denn jeder Mann, ob Priester oder nicht, egal
Hat ein, manchmal gar durchtrieben, Genital!

Oh, wie sie sich an ihn gerieben
Auch du sehnst dich danach zu lieben
Ob kleines Kind, ob Nachbarsfrau
Ohne Liebe wär dein Leben grau!

Was kümmert dich dieses Thema
Über Sünde und Keuschheit
Immer wieder dasselbe Schema
Du bist es langsam leid!

Grenze

(Allgemeines)

Dies ist die Grenze aller Grenzen
Mit allen Folgen und Konsequenzen
Überschreite sie, weil er dann
Dich für sich und sein Leben gewann!

Meine Seite ist schwarz-weiß
Mal sehr kalt und mal sehr heiß
Umgeben von lauter Kontrasten
Sperr ich mein Herz in den Holzkasten!

Die andere Seite greift nach mir
Ist alles besser als nur hier
Ich wusste nicht, als ich mich zur Seite wand
Dass ich damit in der Vergessenheit verschwand!

Von hier will ich nie wieder gehen
Kann überall meinen Körper sehen
Das Leben ist hier kunterbunt
Hier lebe ich frei und gesund!

Schwarz-weißer Tiger

(Persönliches)

Verloren im weiten Ozean
Wo wird seine Reise enden
Ich wollt´ ihn warnen, doch ich kam
Nicht dazu, die Worte zu verwenden!

Der Ozean ist tief und weit
Er hat sich bereits verirrt
Der schwarz-weiße Tiger um Hilfe schreit
Sein Herz ist rein, sein Kopf verwirrt!

Damals, vor ein, zwei Jahren
Wo ist das, was einst gewesen
Wie wirst du in Zukunft verfahren
Im blauen Wasser kann man´s lesen!

Am Anfang wirst du wieder stehen
Wenn du dich verhältst wie bisher
Willst du dann den gleichen Weg wieder gehen
Dann gibt es dich längst nicht mehr!

Herzen

(Persönliches)

Was, wenn man dir ins Herz gestochen
Wenn dein Herz entzweigebrochen
Verbrannt durch die Flammen, die heißen
Kann man es dann noch zusammenschweißen?

Nur mit Hilfe eines zweiten Herzen
Kann man den Verlust ausmerzen
Ein zweites Herz, auf Flügeln angeschwebt
So dass dein ganzer Körper bebt!

Ich habe meine Liebe schon verloren
Doch das zweite Herz wird mir seine schenken
Doch eigentlich war meine Liebe nie geboren
Denn mit dem Herzen kann man nicht denken!

Was wirst du tun, wenn dein Herz zerbricht
Wenn dir der Schmerz hochjagt bis ins Gesicht
Wenn dein Herz in Flammen steht
Und dann, und dann in Asche aufgeht!

Das Herz in meiner Hand
Ist hoffnungslos verbrannt
Es steht in Flammen, so wie ich
Ich flehe dich an - bitte rette mich!

Der Reporter
(Allgemeines)

Dort, ein Weg, voller Leichen
Lässt sich mit nichts vergleichen
Die pure Freude steht ihm im Gesicht
geschrieben
Holt seine Kamera und fängt an zu
fotografieren!

Dort, im Chemielabor, lauter Verletzte
Als ihnen die Säure das Gesicht zersetzte
Alle Gesichter total entstellt
Doch was tut man nicht für sein Geld!

Sensation
Sensationsgier!

Zerstörte Häuser, tote Leute
War es gestern oder heute
Der Reporter weiß es nicht mehr
Der Anblick fällt ihm nicht mehr schwer!

Abgestumpft, mit leerem Blick
Reist er durch die Dunkelheit
Sieht alles und bemerkt doch nichts
Denn man gewöhnt sich mit der Zeit!

Regenbogen

(Persönliches/Allgemeines)

Weil sie nun mal, wie es scheint
In der Sonne steht und weint
Ein Gemisch aus Regen und Sonne
Schmerz und Glück, Trauer und Wonne!

Es regnet in den Sonnenschein
Auch mit dir bin ich allein
Es entsteht ein Regenbogen, so fein
Er muss wohl von Gottes Händen sein!

Seht ihn euch an, den Regenbogen
So fürchterlich und verlogen
Ist er, wie er am Himmel steht
Weil ihr nicht alle Farben seht!

Altes Holz

(Persönliches/Allgemeines)

Altes Holz, nach Fäulnis riechend
Wird starr auf seine alten Tage
Am Ende nur noch dahinkriechend
Mit ihm geht´s zu Ende, keine Frage!

Doch etwas ist in ihm geblieben
Etwas, das vor Jahren existierte
Als er sich noch die Hände gerieben
Und seine treuen Hunde dressierte!

Das alte Holz am Zerfallen ist
Doch ich weiß, dass du scheinheilig bist
Hinter diesem alten Holz, da steckt
Ein Tier, das die Krallen ausstreckt!

In Ekstase

(Allgemeines)

Du befindest dich gerade
In einer schwierigen Phase
Weißt nicht, was du machst
Befindest dich in Ekstase!

Denn du weißt
Dass es dir gut geht
Wenn es um andere
Viel schlechter steht!

Und geht es den anderen besser als dir
Dann wirst du augenscheinlich zum Tier
Weil du weißt, wenn der andere unglücklich ist
Dass du dann umso glücklicher bist!

Den anderen quälen
Sein Leben zur Hölle machen
Wenn er weinend zu Boden fällt
Dann hast du was zu lachen!

Spuren

(Persönliches)

Einsame Spuren
Vom Winde verweht
Erstaunlich, wie schnell
Die Zeit doch vergeht!

Die Spuren meiner Kindheit
Von Wind und Wetter fast zerstört
Doch die Rufe kleiner Kinder
Man noch leise hört!

Ich geh im Winter durch die Straßen
Hinterlasse Spuren im Schnee
In der Nacht es wieder schneit
Dann sind die Spuren nicht mehr zu sehn!

Roter Strand

(Persönliches)

Gestrandet auf einer einsamen Insel
Ich liege am roten Strand
Meine Finger krallen sich tief
In den blutgetränkten Sand!

Meine Tränen fallen in den Sand
Und drücken diesen nach unten
Ich träumte nachts, dass man mich fand
Doch hat man mich noch nicht gefunden!

Die Insel, einsam und verlassen
Bin der einzige Bewohner hier
Muss mich nicht fürchten, nicht aufpassen
Hier lebt weder Mensch noch Tier!

Einsame Insel, verlassenes Land
Dunkle Wolken, graues Gewand
Liege am blutgetränkten Strand
Und weine in den roten Sand!

Alter Punk-Edelpunk
(Persönliches)

Irgendwann werde auch ich ein alter Punk sein
Und dann will es mir bestimmt nicht in den Kopf hinein
Dass sich die gute alte Zeit
Der Rebellion zu Ende neigt!

Und trotzdem werde ich bleiben, was ich bin
Ein Edelpunk - Ich führe nicht nur Gutes im Sinn
Doch so schlecht bin ich dann auch wieder nicht
Ich vertrete des normalen Punk Ansicht!

Bin eine Mischung aus Böse und Gut
Auch ich werde getrieben von der Wut
Überlege vorher, ob ich mir eine Aktion leisten kann
Und fange vor dem Handeln ordentlich zu denken an!

Wenn ihr jetzt denkt, ich denke, dass ich etwas Besseres sei
Dann denkt ihr falsch, denn das denke ich nicht - oh, nein
Dann habt ihr wohl etwas falsch verstanden
Doch ich möchte bei euch nicht als arrogante Sau landen!

Ich weiß, was sich gehört
Und bin von der Erwachsenenwelt
Doch so ziemlich verstört!
Ich kann mich gut benehmen
Doch ich tu es nicht immer und wage es oft
Mich weit aus dem Fenster zu lehnen!

Kurzes Nachwort

Auf Regen folgt Sonnenschein – ich konnte mir den kleinen Scherz nicht verkneifen, ein Gedicht zu verschlüsseln. Damit hätte man rechnen müssen. Und das sollten Sie auch, wenn Sie den Text verstehen wollen. Wer entschlüsselt ihn?

Ich weiß nicht, was Sie denken, nachdem Sie die Gedichte gelesen haben. Wenn Sie sie gut fanden- erzählen Sie´s weiter. Wenn nicht – behalten Sie´s für sich.

Pascal Goldmann